教師のための携帯ブックス⑯
おもしろすぎる
理科5分間話

米山正信著

あかないふたを、あけるには？

黎明書房

はしがき

　ある時，4歳の保育園児のS君から，「小さい石が沈むのに，どうして大きい船が沈まないの？」という質問を受けました。その時は，どうもよい説明ができませんでした。

　小石と同じ大きさの，水玉坊やがシーソーごっこをする，といった童話も作ってみましたが，うまくわかったとは思えません。そこで「学校へ行くようになったらわかるよ。」とごまかしてきました。

　黎明書房から，この本の執筆を依頼された時，私はすぐS君のことを思い出しました。

　もう，6年生になっているはずのS君が，今はどんな問題に探究心を燃やしているかわからないけれど，S君に日常生活の中にある理科的な問題を，お話するつもりで，まとめてみようと考えました。

　学校の勉強は，ともするとテストのできることを目標とするところに追いこまれます。テストでは，これは正しい，これは間違い，と結論がはっきりした問題が出ます。

　しかし自然界のことは，ひとつがわかると，すぐその先に新しい疑問がわいて，限りない探究心をさそうと思います。

だから，このお話は，ひとつの知識を得るためのものではなく，なんらかの疑問や感動をさそうものでありたいと願いました。そのため解説文でなく，お話にしました。

　編集にあたってくださった方や，さし絵をかいてくださった方のご努力で，親しみのあるものになったことを感謝します。

米 山 正 信

付記・本書は先に刊行された『理科がすきになる５分間話』を，精選・改題・改版したものです。

もくじ

はしがき　1

春

❶ 春一番とフェーン現象 ･･････････ 7
　―水蒸気が水になる時出る熱のしわざ―

❷ 電線は，なぜピンと張れないのか？ ･･･ 12
　―力の合成・分解を考える―

❸ タネなしスイカのタネ ･･･････････ 17
　―遺伝のしくみを変える方法―

❹ フタモンアシナガバチ ･･････････ 22
　―天敵と生物界のバランス―

夏

❺ 台風で傾いた松の木のみどり ･･･････ 27
　―生長ホルモンの秘密―

❻ **カレハガは胎生!?** ･････････････････････････ 32
　―親のミニ姿では生まれないこん虫―

❼ **アイスクリームを作った話** ･･･････････････ 37
　―氷と食塩を混ぜると，温度が下がる―

❽ **どこで生まれたの？ チビアマガエル** ･･･ 42
　―カエルの発生―

秋

❾ **大根の間引き** ･････････････････････････････ 47
　―適者生存を考える―

❿ **台風の風むき** ･････････････････････････････ 52
　―北半球のうずまきは左まき―

⓫ **沈むものがあるから浮くものがある** ･･･ 57
　―小石が沈んで，大船が浮くわけ―

⓬ **点燈ハウス** ･･･････････････････････････････ 62
　―日の長さの変化で花の咲く植物―

⑬ **遺跡は,なぜ地中から掘り出される** ⋯ 67
―地層の積み重ね―

冬

⑭ **ジャムのびんのふたがあかない** ⋯⋯ 72
―熱による膨脹―

⑮ **落　葉** ⋯⋯⋯⋯⋯⋯⋯⋯⋯⋯⋯⋯⋯⋯⋯ 77
―冬,葉の落ちる木と落ちない木―

⑯ **化学マジック** ⋯⋯⋯⋯⋯⋯⋯⋯⋯⋯ 82
―酸・アルカリの性質を利用する―

⑰ **新しい星** ⋯⋯⋯⋯⋯⋯⋯⋯⋯⋯⋯⋯ 87
―星にも一生がある話―

① 春一番とフェーン現象
—水蒸気が水になる時出る熱のしわざ—

夜のニュースの時間です。アナウンサーがいいました。

「今日は全国的に暖かい南風が吹き，3月下旬の暖かさとなりました。日本海側では，フェーン現象のため，所によっては5月上旬の気温となりました。」

「だからぼく，もうセーターなんかいらないといったんだよ。」

と，康高君はお母さんをにらみます。

「だめ，後をよくお聞きなさい。明日はまた平年並にもどり寒くなるでしょう，ってテレビでいったでしょう。」

お母さんはゆずりません。するとお父さんが，

「康高，天気図を見てごらんよ。今日は低気圧が日本海を通った。それで南の太平洋から暖かい湿った南風が吹きあがって暖かかった。だが明日はその低気圧も太平洋側にぬけて，また西高東低の冬型の気圧配置になり，冷たい西風が吹く。こういうことを5，6日おきにくり返してだんだん春になる。その第1番目になる今日のような南風を春一番というのだよ。」

と説明してくれました。

「じゃあ，この次は春二番ていうの？」

「まあそういうことだ、が春一番以外、あまりいわないな。」

「春三番くらいになったら、セーターをぬいでもいいってお母さんはいうのかな。あ、そうそう、テレビで、フェーン現象っていってたけど、あれどういうこと？」

「うん、湿った風が高い山をこえてむこう側に吹きおりる時、乾(かわ)いた暖かい風になることだよ。」

「どうしてそうなるの？」

「お前にもぼつぼつわかるかな。よし、そのわけを話してやろう。

テレビの天気予報で、富士山頂の気温というのが出るだろう。今ごろでもマイナス十何度だ。つまり、上空へ行くと、気温は下がる。

今平地に15度の空気のかたまりがあったとする。これを、2千メートル上空に持ちあげる。すると2度くらいに下がる。つまり13度くらい冷えるのだな。

その空気のかたまりを、また平地におろせば、元の15度になる。

だから、模型(もけい)で考えてみると、15度の風が2千メートルの山をこえるとすると、山の上では2度になるが、むこう側では、また元の15度になる、と思えばよい。」

「それなら、むこう側で気温が上がることにはならないね。」

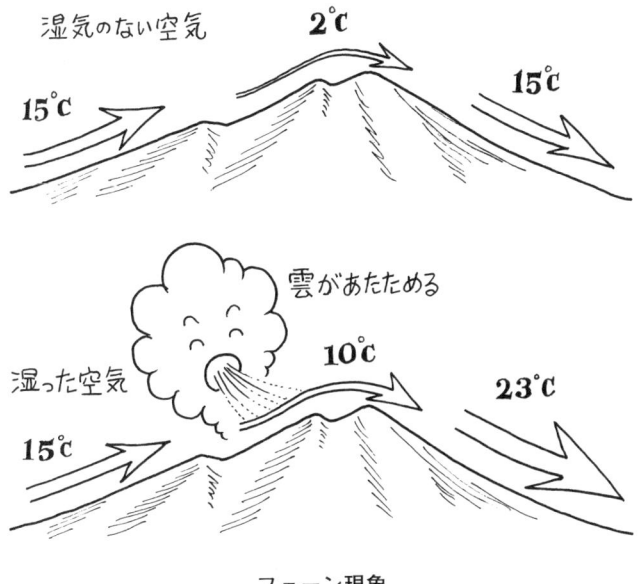

フェーン現象

「あわてるな。話はこれからだ。今のは、空気中に水分がない時のことだ。今日のような南風は、太平洋の上から来るので、たくさんの湿気をふくんでいる。このふくまれている水分がくせ者なのだ。

水が蒸発する時には、熱が必要なことは、知っているな。蒸発熱という。南の海では、太陽の熱をもらって海の水がどんどん蒸発する。南風はその水蒸気をたくさんふくんだ風なのだ。

さて、その水蒸気をふくんだ空気が冷えるとどうなる？」

「また水蒸気が水にもどる。」
「そうだな,地面に近い所では霧やもやになるし,上空なら雲になる。そして雨になって落ちる。だから今日のような日には,太平洋側では雨が降るのだ。

 さあ,そこで,蒸発の反対で,水蒸気が水にもどる時は,蒸発する時吸収した熱を出すわけだな。だから雲ができる所では,そのあたりの空気が暖まるということだ。わかるな。」
「うん。」
「先ほどの話のように,15度の乾いた空気が2千メートルあがると2度に下がる時,湿った空気は,雲の出す熱のために2度には下がらない。10度でとどまっているとしよう。

 そして,雨として水分を落として,初めより水分の少なくなった10度の空気が,2千メートルの山をこえてむこう側の平地に吹きおりる。すると13度温度が上がるはずだから,23度になるということだろ。

 つまり山をこえることによって,乾いた暖かい空気になったわけだ。これを,フェーン現象という。どうだ,わかったか。」
「うーん,でも,どうして空気は上空へ行くと温度が下がり,下におりると上がるのかなあ?」
「うん,そのくわしい理屈は,お前が高校へあがってから習うが,こんなことを考えたらどうだ。自転車のタイヤに空気を入れる時,ポンプが熱くなるのを知ってるだろう。」

「うん。」

「つまり，空気は圧しゅくすると熱が出るのだ。反対に膨張すると冷える。」

「うん。」

「あの台所にある冷蔵庫は，この気体を急に膨張させる時冷える現象や，液体が気体になる時に熱を吸収することを利用しているのだ。さあ，これでわかっただろう。風が山を吹きあがる時は，気圧が低い所へ行くので膨張して冷える。逆に吹きおりる時は，圧しゅくされて気温がのぼることが。」

「うーん，そうか。」

「お父さんの知っているのはこのくらいだ。お前が大学にでも行ったら，今度はもっとくわしい話をお父さんにしておくれ。」

康高君は，ニンマリと笑いました。

　　（ポイント：水の潜熱，気体の断熱膨張，フェーン現象）

② 電線は、なぜピンと張(は)れないのか？
　—力の合成・分解を考える—

　電車が鉄橋をわたり始めました。窓から外を見ていた進君が、とつぜんとなりにいたお父さんにいいました。
「あ、あの電線、水につきそう。どうしてもっとピンと張らないのかな。」
　新聞を見ていたお父さんも、顔をあげて窓の外を見ました。はるか上流の方に、両岸に立っている鉄塔から鉄塔へと、送電線が張ってあり、なるほどたれ下がったまん中あたりは川の面につきそうに見えます。
「ここから見ると、たしかに水面につきそうだな。だけど、下へ行って見れば、かなり高いさ、心配しなくたって。」
「だけど、もっとピンと張ったらいいのにね。」
「張れないのさ、あれ以上。」
「どうして張れないの？　ずいぶんたれ下がっているよ。うちのそばの電柱と電柱の間なんて、もっとまっすぐだよ。」
「うちの近くの電柱と電柱の間は、せいぜい数十メートルだろう。だがこの川の幅は数百メートルもあるんだ。数百メートルをひとまたぎに電線をひっぱれば、その重さでたるむのは仕方がないよ。」
「重くたって、両側で強くひっぱればいいのに。そうすれ

ば,もう少しはたるまないで張れると思うよ。」

「さあどうかな。お前たち,学校でそうじする時バケツで水をくむだろう。バケツと水の重さを10kgとして,1人でさげる時は,手は10kgの重さを持ちあげねばならない。では,2人で両方から持ったらどうだ。たしかに軽くなるね。しかし,1人が半分の5kgでよいかというとそうではない。手は少し斜めになっているだろう。だから5kgより重くなる。両方でひっぱって,手が水平に近くなればなるほど大きな力でひっぱらねばならん。手を水平にしてさげようなんて思ったら,とてもすごい力が腕にかかる。それと同じで,電線もピンと横にひっぱろうとすると,大変な力がかかって,電線が切れてしまう。だからあのようにたるませておくより仕方ないのだよ。」

「でもさ,バケツをさげるのと,電線の場合とでは,ちがうんじゃない。バケツの重さは,バケツにあるけど,電線はずうーっと重さがつづいているもの。」

「うーん,たしかに一部分をとり出して比べたらちがうね。だけど,あの電線をひっぱる力の加わる鉄塔にしてみると,電線のまん中に,電線全体の重さと同じ荷物をつけて,重さのない線でひっぱるのと同じなんだぞ。重心といってな。その物の重さが,1点にかかっていると思ってよい点が,すべての物にはあるのだ。すもうの時,重心を下げよ,とか,重心の高い物はころびやすい,なんていうだろう。」

「電線にも重心てあるの？」

「あるさ，10センチの針金の重心といえば両端から5センチの所の，針金の断面の中心が重心と思ってよい。だからあの長い電線も，両端から同じ距離の所の断面の中心に，あの電線の全ての重さがかかっている，と思えばよい。だから，それを，水平に近くなるようにひっぱるには，大変な力がいる。完全に水平にするには，無限大の力が必要で不可能ということになる。」

「そうかなあ？　だって，体操の選手は，つり輪で，手を水平にして身体を支えるよ，少しの間だけど。」

「なるほど，たしかに体操の選手はそうするね。だけどあの時，肩や腕の筋肉がものすごくもり上がってがんばっていることがわかるだろう。つまりね，腕は電線のように単純な構造ではなく，中に骨があり，その骨に筋肉がついている。だから腕は水平に見えても，骨は水平ではなく，そして筋肉の働く力の方向も水平ではないのだ。もちろん体重の何倍もの力が筋肉にはかかっているわけだけれどね。」

「そうか，わかった。それでは，あの電線は，あれで仕方がないんだね。」

「おそらく電気会社では，あの電線の強さと重さを計算して，設計してあるのだろう。自然の中では，強い風が吹くこともあるし，雪が凍りついて重さを増すこともあるだろ。だから，そういうことを十分に考えて，安全にしてあのように

10kgのバケツを持ちあげるのに必要な力

たるませているにちがいない。」

　そんな話をしているうちに，電車は鉄橋をわたって市街地に入り，駅に近づきました。

　「おい，あれを見ろ。」
とお父さんが窓の外を指さしました。進君が見ると，電柱の横に，コンクリートの円板のようなものが4つほど重ねて，つり下げてあるのが見えました。

　「あれなに？」
　「あれが電車の架線をひっぱっている重りだよ。架線は水平でなくてはいけないので，もう1本上に針金をはって，つり橋のようにしてあるだろう。1本では水平にできんからだ。」
といっている間に，電車は駅にすべりこみました。家に帰ると，お父さんは書斎に入ってしばらくなにかしていましたが，やがて，

　「ほら，計算してみたぞ。10kgのバケツを60度の角度でひっぱると，2人とも，1人でさげる時と同じ10kgの力を出さねばならんということだ。」
といって，前ページのような図を見せてくれました。

　　　　　　　　　　　　（ポイント：力の平行四辺形，合力）

③ タネなしスイカのタネ
―遺伝のしくみを変える方法―

春

　お父さんの所へ、お世話になったという人が、スイカを持って来てくれました。
「まだ春だというのにスイカなんてめずらしい。おまけにタネなしスイカだそうだ。」
　お客さんが帰ると、お父さんがそういってスイカを台所へ持って来ました。
「わあ、タネなしスイカってぼく食べたことない。」
と、ひろと君。するとお姉さんのはるなさんは、
「スイカはないけど、タネなしブドウなら去年の秋に食べたわね。」
といいました。
「うん、ぼく、あの時も思ったんだけど、タネなしスイカや、タネなしブドウのタネってどうして作るのだろうね。」
「バカ。タネなんてあるわけないでしょう。だってタネがあったらタネなしじゃないもの。」
「でもさあ、それなら、なにから芽が出るの？」
「それは知らない。」
　２人の話を聞いていて、お父さんがいいました。
「ひろと、タネがないと芽が出ない、なんて思うのは、考

え方がせまいぞ。バナナだってタネはないだろう，サトイモだってサツマイモだってタネはないよ。」

「あ，じゃあ，タネなしスイカも，サツマイモみたいに，つるをさして作るの？」

「残念ながら，スイカのつるをさしても，サツマイモのようにはいかない。実はな，薬品を使うのだ。それも，ブドウとスイカではちがう。ブドウの方が簡単だ。

植物を成長させる働きのある，生長ホルモンという薬がある。その仲間にジベレリンという薬品がある。ブドウには，これを使う。

ブドウの花が咲いた時，それから実がふくらみ始めたころ，このジベレリンの水溶液を噴霧器でかけてやるのだ。するとタネの成長がおさえられて，タネなしブドウになる。」

「あれ，おかしい，生長ホルモンをかけたら，よけい大きくなりそうなのに。」

「うん，なにごとも，過ぎたるは及ばざるが如し，ってな，多すぎると反対に作用するらしい。とにかくタネなしブドウは，こうしてわりと簡単にできる。

ところが，スイカの方は，ちょっとややこしい。くわしいいきさつは，お前たちが高校に行って習うことだが，そうだな，ごく大ざっぱに話すとしよう。

いいかい，お前たち2人とも，お父さんにもお母さんにも，どこか似てるだろう，どうしてだ？」

「そりゃ，親子だもん。」

「遺伝するからよ。」

「なるほど。つまり，目の色は茶色とか，鼻の形とはこんな，とかいう，設計図のようなものを，親からもらっているからなんだな。そういう設計図の入れ物が，細胞（さいぼう）の中にある。染色体（せんしょくたい）という小さい粒だ。

ところで，お前たち2人ともお父さんとお母さんの子なので似ている所もあるが，そっくりではないだろう。なぜだ？」

「……」

「それはな，お父さんとお母さんの2人の設計図を，みんなもらうのではなく，半分ずつもらうからだ。

はるなは二重まぶたになるという設計図をお母さんからもらったから二重まぶただ。

ところが，ひろとは一重まぶたになれ，という設計図をお父さんからもらったというわけだ。

植物でも同じで，メシベにできる細胞には染色体が半分になっている。

オシベの花粉の細胞も，染色体が半分になっている。その半分どうしの花粉とメシベの細胞が合体して，一人前の数の染色体のあるタネとなる。

そのタネが芽を出して大きくなって行く時は，染色体の数はかわらないので，植物全体の細胞は同じ数の染色体を持っている。

　さて，ここでコルヒチンという薬品が問題になる。コルヒチンを与えると，オシベの花粉の細胞も，メシベの細胞も染色体が半分にならないのだ。

　だからそういう花粉とメシベの合体でできるタネは，染色体がふつうのスイカの2倍あることになる。

　このふつうの倍の染色体のあるスイカのつるに咲いたメ花の細胞の染色体は半分になって，ふつうのスイカなみの数があるわけだね。

　そのメシベにふつうのスイカの花粉をつける。そうすると，ふつうのスイカの1.5倍の染色体を持つタネができるわけだ。

　このタネをまいて出るスイカのメ花に，ふつうのスイカの

花粉をつけると、タネなしのスイカになるというわけだ。」

「わあー、ややこしい。」

「だから、タネなしスイカのなるつるを、ほっておいてもだめで、メ花にふつうのスイカの花粉を、1つずつ、つけてやらねばタネなしスイカはできない、ということだ。」

「めんどうだなあ。」

「そうさ。その上、今の季節に赤くするには、温室の中で重油をたいて暖かくしなくてはならん。だからこのスイカには大変にお金がかかっている。」

「まあ、まあ、もったいない。でもせっかくいただいたものだから、ごちそうになりましょうよ。」

お母さんはそういって、スイカにほう丁(ちょう)を入れました。

（ポイント：生物の遺伝、減数分裂）

④ フタモンアシナガバチ
― 天敵と生物界のバランス ―

　まこと君は，縁側の端にチョコンと腰をかけて，日なたぼっこをしています。冬の間は，縁側の奥の方まで日がはいり暖かかったのに，4月下旬となると，もうほとんど日が入りません。縁側の下に，シャガの花が咲き始めました。

　白い花びらで，奥の方にうす青いところのある小柄のユリのような花です。

　まこと君がふと気がつくと，そのシャガの花に，ハチが1ぴき入って行きました。

　いつのまに来たのか，まこと君のうしろに立っていたおじいさんも，ハチを見つけたらしく，いいました。

　「まこと，そのハチはフタモンアシナガバチというのだ。よく見てごらん，腹の背に2つ黄色いモンがついているだろう。」

　「ほんとだ。」

　「冬眠からさめて，今ミツを吸って元気をつけているのだよ。これからいよいよ巣づくりを始める。」

　その次の日曜です。おじいさんが，

　「まこと，来てみなさい，この間のハチかも知れん。屋根棟の瓦の下に巣づくりを始めたよ。」

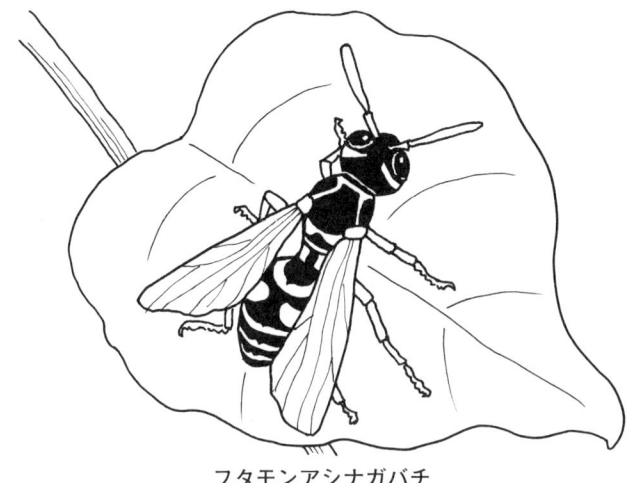

フタモンアシナガバチ

といって、双眼鏡(そうがんきょう)をわたしてくれました。

　まこと君がのぞいて見ると、瓦の下に1センチほどの支柱が下がり、先に3つ穴のある巣が見えました。

「昨日あたりから作り出したんだな、ほらハチがとんで来た。なにかくわえているだろう。木の表面をかじりとって来て、巣の材料にするのだよ。」

　ハチは、巣にとまると、しばらくくわえて来たものを前足でぐるぐるまわしながらかんでいましたが、やがて巣の穴のへりにぬりつけて、またとんで行きました。

　次の日曜日には、穴の数は7つになって、ハチの巣らしい形になり、まん中の3つの穴には、白い卵が生んであるのが見えました。

おじいさんはいいました。
「あの3つの卵が、あの巣の運命をきめる大切な卵だ、よく見ててごらん。」
　まこと君には、おじいさんのいう意味がよくわかりませんでしたが、観察をつづけることにしました。
　2週間くらいの間に、巣の穴の数は20くらいになり、卵の数もふえました。そして最初の3つの卵は、幼虫になって、どんどん大きくなるのがわかりました。
「おじいさん、ハチがなんだか青いものをくわえて、ぐるぐるまわしているよ。」
　まこと君はいいました。
「あれは、たぶん、うらのキャベツ畑にいたアオムシをとって来たのだよ。アシナガバチはアオムシが好物で、ああして肉だんごにして子どもに食わせるのだ。」
　なるほど、親バチは、肉だんごを口うつしに幼虫にやっています。
　それから巣はあまり大きくなりませんでしたが、幼虫はメキメキふとりました。はじめの3びき以外のも、大きくなるのがわかりました。親は、巣にもどるたび、ひとまわり穴を調べては、子どもをなめてやったりしています。

　6月の初めでした。まこと君はびっくりしておじいさんをよびました。

「おじいさん、来て、ハチの巣に白いものがついている、はじめの3つだよ。」

「そうか、いよいよさなぎになったのだ。さあ、これから2週間くらいが勝負、あの3つから無事働きバチが出ると、今まで1ぴきで手のまわらなかった母バチも大助かり。巣もどんどん大きくなる。だが無事に出れるか。」

おじいさんは、なにか意味ありげにいいました。

その次の日曜日です。朝見た時はなんともなかったのに、おひるの後見ると、3つあった白いふたが2つになって、なんだか巣がこわれているようです。

おかしいな、と一度双眼鏡から目を離し、もう一度見た時です。まこと君は、あっ！ とさけびました。

巣の半分もある大きなスズメバチがとまっていて、巣の穴から白い幼虫をひきずり出すと、もりもりと食べはじめたではありませんか。

「大変、おじいさん大変、ハチが大きいハチに食べられてる。」

「とうとう見つかったか？」

おじいさんも、いそいで出て来ました。そして、長い竹のさおを持ってくると、スズメバチを追いはらいました。

「うーん、あの巣もこれであまり大きくはなれん、3びきの最初の子のうち、2ひきがやられ、おまけに他の子も半分

春

以上やられている。残りも明日あたりはやられてしまうかも知れん。」といいました。

「どうしてあんなひどいことするの，スズメバチ。」

「いいえさなのだ。アシナガバチはアオムシを食い，スズメバチはアシナガバチの幼虫を食う。自然のさだめだな。

今スズメバチに見つからない所に巣を作ったアシナガバチはこれからどんどんふえて8月には百何十ぴきという大家族になる。

今見つかった巣は，うまく育ってもせいぜい20ぴきくらいかな，悪くすると全めつする。」

その次の日曜には，1つ残ったサナギがかえって働きバチが出たらしく，2ひきが，こわされた巣を一生懸命なおしていました。

「がんばれよ。」

まこと君は双眼鏡をのぞきながら，はげましました。

（ポイント：生物の生態，生存競争，天敵）

5 台風で傾いた松の木のみどり
—生長ホルモンの秘密—

夏

　隼人君の家は、お宮の森のすぐ横にあります。だから隼人君の部屋の窓を開けると、森の木がよく見えます。

　昨年の秋、台風が近くを通りました。その時、その森の松の木も、何本か吹き倒されました。隼人君の部屋の窓から30メートルばかり離れたところの松は、倒れてしまわず、45度くらいに傾いたままでいます。

　初夏が来て、どの松の木も、枝の先から、新しい芽をのばし始めました。松のみどりというこの新しい芽は、ひとところから3本くらいずつのびます。

　はじめはうす茶色の鉛筆のような棒ですが、そのうち松葉が生えはじめ、少し離れて見ると、うすみどりの棒に見えます。

　そして先端には、あずき色のマツカサの卵がついています。

　「ね、お父さん、あの傾いた松の枝のみどりは、傾いた木の向きではなくて、曲がってみんな上をむいて出ているよ。」

　隼人君は、なにげなく見ていた森の中に、一大発見をしてお父さんに話しました。

　「うん、松のみどりに限らず、植物の芽はみんな空にむかって、まっすぐのびるのだ。まっすぐに立っている松の木

なら、みどりはまっすぐに出るが、あのように木が傾いているとみどりはのび始めてすぐ曲がって上をむく。」

「どうしてみどりの芽は、上の方とわかるのかなあ。」

「お前は、真上や真下をどうして知る。」

「立っていればわかるよ。だけど正確に知るには……ああそうだ。前に大工さんが物置を建てる時、糸に分銅をつるして、その糸と柱が平行かどうか見ていたよ。ああやればいいんだ。」

「そうだな。分銅をつるすと、糸は地球の中心の方に向く、つまり真下だ。これは地球に重力があるためだろう。」

「うん。」

「植物もな、地球の重力を感じるんだ。お前が立っていればわかるといったのは、お前の耳の奥の方に、三半規管という装置があって、そこで身体の傾きを感じるからだ。だが植物の芽には、そんな装置はない。」

「では植物はどうして重力を感じるの？」

「うん。植物は芽の先端で、生長ホルモンというものを作る。それが重力によって下の方におりて来て、芽の下の方に働いて、そこで芽がのびる。

もし、芽がまっすぐになっていれば、生長ホルモンは、芽のまわり一様におりて来るから、芽の下の方も一様にのびる。つまり芽はまっすぐにのびる。

ところが芽が傾いていると生長ホルモンは一様におりてこ

ず，傾いた下の方にたくさんおりて来る。重力でひっぱられるのだからな。

　すると，芽の下側の方がよけいのびるので，芽全体としては，上むきになる，というわけだ。」

「え，そんなうまいことできるの。」

「できるさ。こんな実験をやった人がいる。植木鉢にタネをまいて芽をまっすぐに出させる。少しのびた時，植木鉢を横にする。何時間かたつと，芽は上の方を向く。

　これはお前でもわかるな。やってみてもすぐわかる。

　ところで，その人は植木鉢(うえきばち)を台に固定して，その台をモーターでぐるぐるまわるようにしたのだ。こんなぐあいに，芽がまわる軸(じく)になるようになる（次ページの図）。

　こうすると，芽は横になっているけれど，上になる部分，下になる部分がいつもかわっていることになるだろ。つまり先の部分でできた生長ホルモンは，下に流れて行っても，芽のまわり一様に広がる。だから，芽は上むきにならず，まっすぐ横にのびた，というわけ。」

「ふーん，ぼくもやってみたいな。」

「そうだな，モーターの軸に小さなかっ車をつけ，小さな植木鉢を固定した台に大きなかっ車をつけ，ベルトでまわす装置なら，お前にもできるかも知れないな，夏休みにでも作ってみるか。」

「うん，お小遣(こづか)いちょうだい。」

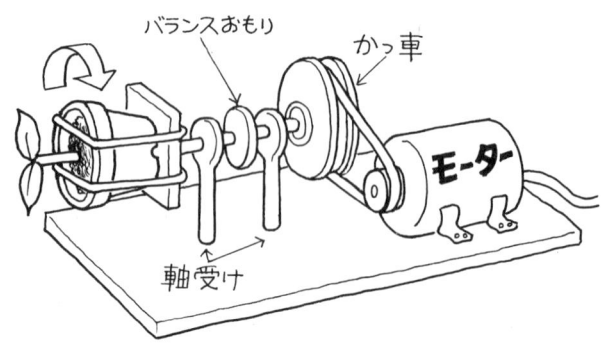

ぐるぐるまわせば上にまがらない

「よし，そういう研究のためなら特別に小遣いを出してやろう。」

「うれしーい。」

「ついでに，芽が光の方向に曲がる実験もやってみるとよい。生長ホルモンは，光に当たる反対側にたまる性質があるらしい。

だから光の反対側がのびて，芽は光の方向に曲がるのだ。

モヤシって知っているだろう，よくお母さんがみそ汁に入

れるだろう。あれは豆の芽だが、光の当たらないところで芽を出させる。それであんなに長くのびるのだ。

　日の当たる所に生えた豆の芽は、太くて丈夫で、じきふた葉が出る。」

「あ、わかった。ひょろひょろの子のことをもやしっ子っていうの。子どもも、日に当たらないと、ひょろひょろのびるわけだね。」

「あはは、そうだ。太陽によく当たりながら元気にあそぶ子は丈夫になる。」

「人間も頭の先から生長ホルモンを出すのかなあ。」

「人間は植物の芽ほど簡単ではない。脳下すい体とか甲状センとか、ホルモンを出すところがあるが、その話は、またいつかするとしよう。」

　　　　　（ポイント：植物の背地性、向日性と生長ホルモン）

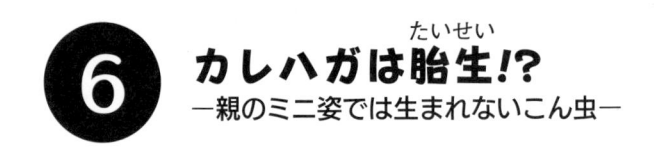

❻ カレハガは胎生!?
― 親のミニ姿では生まれないこん虫 ―

「キャーッ!」
　みさきちゃんは，思わず悲鳴をあげてとびさがりました。
「どうした，みさき。」
　お父さんが，おどろいて近よって来ました。
「なんかいる，やわらかいもの。気味わるーい。」
　みさきちゃんは，おそるおそる桜の木に近よって，今にぎったあたりを指さしました。みさきちゃんは，お父さんと公園に散歩に来て桜の木の枝につかまろうとしたのです。
「どこ?」
　お父さんは眼鏡をあげて枝を見つめます。
「ああ，これだ。ほら，みさき，よく見てごらん，ここにイモムシがいる。」
「え，イモムシ!　どこ?」
　みさきちゃんは，まゆをしかめてお父さんの背にかくれるようにのぞきます。
「ほら，ぺったり木にへばりついて，木のコブみたいだ。おまけに桜の木の皮とそっくりの色だ。こういうのを保護色っていうんだ。」
　そういわれても，みさきちゃんにはわかりません。

「ほら、ここ。」

お父さんが、石ころをひろって、チョンとつつきました。すると、イモムシは頭をふりました。

「あ、ほんと、わあー、気持わるい。わたし、にぎりそうになったのよ。」

「桜の葉を食べて、もうこんなに大きくなったから、きっとサナギになろうと思って、下に降りて来たんだよ。なにかのガの幼虫だ。そっとしておいてやろうよ。」

「うん。」

その次の日曜日、また、みさきちゃんはお父さんと公園に行ってみました。

「もういないかな。」

「もういないよ、ここらにいたんだもの。」

「あ、あれだ、あそこにマユがある。きっとあの中に入っているよ。」

少し高い木の枝に、やはり木の皮と同じようなくすんだ色のマユが作ってありました。

「あの枝を折って帰ろう、きっとガが出るよ。」

お父さんの肩車にのったみさきちゃんは、やっとのことでマユのある小枝を折りました。

そして家に持って帰ると、昔金魚をかっていた水槽(すいそう)の中に入れました。格子のふたは目があらいけど、あんなに大きい

イモムシから出るガだから,にげだせないだろう,と思ったのです。

　2週間ほどたちました。
「あ,出てる!」
　朝ベランダにおいた水槽をのぞいて,みさきちゃんは思わず声をあげました。水槽の底に5センチもありそうな大きなガがいます。そしてたしかに出た証拠に,マユの端に穴があいています。

カレハガ

「お父さん,お父さん,来て。ガが出てるわよ。」

ネクタイをしめながら,お父さんが出て来てのぞきました。

「うん,出たね。それにしてもさえない色のガだな,幼虫と同じように,木の皮そっくりの色だ,もう少し,美しいガが出るかと思ったのにな。」

「なんというガなの?」

「さあ。お前,図鑑で調べてごらん。」

お父さんはそういって仕事に出かけて行きました。

夜,お父さんとみさきちゃんは,図鑑を調べて,そのガはカレハガという名であることを知りました。

夏

次の朝,またみさきちゃんは,あっ,とおどろきの声をあげました。

「お父さん,お父さん,来て。ガが子ども生んだ,3びき。」

「子どもじゃない,卵だろう。」

「ううん,子どものガだよ,同じ色した,少し小さいのが3びきいるもん。」

「ガはこん虫だから,子どもを生むはずがない。」

「だっているもん。」

やっとお父さんがのぞきに来ました。

「ほんとだなあ?」

おとうさんも不思議そうにのぞきこみました。

やがてしばらくして，お父さんは，はたとひざをたたきました。

「そうだ，この小さい３びきは，きっとオスだよ。はじめ生まれたのがメスで，そのにおいをかいで，オスがやって来たんだよ。」

「でも，どうやってこの中に入ったの？」

「格子の間をやっとくぐりぬけたのさ。あのね，お父さん，前に本で読んだことある。ガはあの触角，ヒゲににおいをかぐ所があるんだが，とても敏感で，５キロも離れたところにいるメスのにおいをかいで，とんで来るんだって。きっとこの小型の３びきはオスだ。それにしてもカレハガの王女さまも王子さまも，見ばえがしない色だね。」

「ふーん。」

　みさきちゃんは，まだ親子のような気がして，そのガのオスとメスを見つめていました。

（ポイント：こん虫の変態）

⑦ アイスクリームを作った話
―氷と食塩を混ぜると，温度が下がる―

夏

　パターン，と冷蔵庫のドアのしまる音がしたと思ったら，あかりちゃんが，大きな紙コップのような容器を持って居間に来ました。
　「おじいちゃん，いいものあげようか。」
　「なんだ，また，へんてこりんなもの買って来たのと，ちがうか。」
　「昨日買って来た残りを，冷凍庫(れいとうこ)に入れておいたのよ。ほら，冷たくておいしいよ。」
といって，あかりちゃんはアイスクリームのチョコボールを，ようじにつきさしておじいちゃんにさし出しました。
　「うん，これは冷たくておいしい。こんなのスーパーで売っているのか。」
　「いっぱい売っている。いろんなのがあるわ。」
　あかりちゃんも，アイスボールをほおばりながらいいました。
　「重宝(ちょうほう)な世の中になったな。おじいちゃんの子どものころにはな，冷蔵庫なんて，お金持ちの家にしかなかった。それも氷のかたまりを上のたなにおいて，その下に冷やす物を入れておく木の箱だった。

氷屋さんが毎朝氷の大きいかたまりを毛布にくるんで届けに来てな，入れて行くんだ。」

「ふーん，じゃ，アイスクリームなんか，しまっておけなかったね，とけちゃうから。」

「そうだとも。ちょうど，おじいちゃんがお前くらいの時だったな。お前のひいじいちゃんと，アイスクリームを作ったことがあった。」

「うちで作ったの？」

「そうだよ。思い出すなあ，おじいちゃんの姉さんが女学校で作り方を習った，とかいってな，牛乳と卵の黄身と，ゼラチンとお砂糖だったかな，それらを混ぜたどろどろのものを，たしか，お茶のカンに入れたよ。そしてバケツの中においた。

ひいじいちゃんが，新聞紙の上に，氷のかたまりをおいてな，キリでちょんちょんつついて小さくくだく。

それをおじいちゃんが拾ってバケツの中に入れる。

その氷のかけらが茶づつのまわりにいっぱいになるとな，ひいじいちゃんが，お塩を氷にかける。そして，しゃもじでがらがらかきまわすのだ。」

「なんでお塩をかけるの？」

「うん，氷とお塩を混ぜると，温度がどんどん下がるのだ。寒剤（かんざい）といってな，ちょうどよい割合に混ぜると，たしかマイナス21度くらいまで下がる。」

「マイナス21度！　そんなに？」

「うん。手を入れちゃいかん，凍傷になるぞって，ひいじいちゃんがいってな。また，お塩をふりかける。

おじいちゃんは，氷と塩を，がらがらとしゃもじでかきまわす。

お姉さんは，茶づつの中をおはしで，こちょこちょとかきまわす。

三人がかりで，おでこから汗を流して，大さわぎだった。アハハ。」

「それで，アイスクリームはできたの？」

「うん，茶づつの中のどろどろが，だんだんねばくなってな，おはしですくい出せるようになった。といっても，今食べたような固いもんじゃない。だけどうまかったなあ，なにしろおじいちゃんは，アイスクリームってものを，その時初めて食べたんだからな。」

「たびたび作ったの？」

「なーに，1回きりさ。ひいばあちゃんにな，そんなもったいないもの作るんじゃないって，叱られちゃったのさ。

そのころはな，牛乳だ，卵だなんてのは，病人の食べる物だくらいに思われていたのだよ。

だから，牛乳だ卵だ砂糖だと，いっぺんに混ぜて作るものなんか，とてもぜいたくに思えたんだよ。」

「ふーん。だけど，よくわからないけど，どうして，氷と

お塩を混ぜると温度が下がるの？」

「うん，むつかしい理屈はおじいちゃんにもわからないけど，水にお塩を溶かすと，少し冷えるのは知ってるかな。

氷のかたまりにお塩をふりかける。すると氷の表面に少しついている水にお塩がとけて食塩水ができ温度が下がる。

ところがだな，海の水は０度になっても，こおらないだろう。食塩水は０度以下でも液体でいる。だから氷の表面にできた食塩水は，０度以下になっても液体でいる。

それにさらに食塩がとけてまた温度が下がる。

ということのくり返しで，温度の低い食塩水ができるのだ。

食塩水が液体でいる最低限がマイナス21度なので，そこまでは温度が下がる，というわけだ。」

「そんなうまいこと行くのかなあ。」

「マイナス21度までは知らないが，おじいちゃんたちが，アイスクリームを作ったその時も，バケツの外側には，真夏だったのに霜がついていたから，かなり冷えたんだよ。」

「私もやってみたいな。」

あかりちゃんはいいました。

「お母さんに頼んでごらん。そんな面倒くさいことしなくても，冷凍庫の中で，こおらせればいいって，いわれないようにうまくな。」

「うん。」

あかりちゃんは，まだアイスボールが2個残っている入れ物を，おじいちゃんの前に置いたまま，かけ出して行きました。

(ポイント：溶解熱，寒剤)

⑧ どこで生まれたの？　チビアマガエル
ーカエルの発生ー

　宿題の算数を終えて，太一君がふと顔をあげると，机の前のガラス戸の外に，小さいアマガエルがとまっています。
　「あ，アマガエル。いつ来たんだろう？」
というと，横の机にいたお姉さんも，勉強の手を休めて顔をあげました。
　「わあー，ほんと。ちっさいね，赤ちゃんよ，きっと。」
といいながら，鉛筆でガラスをトントン，とたたきました。アマガエルはおどろきもせず，のそのそ3，4歩はいあがりました。
　「きっと，電気のあかりに集まる虫を食べに来たのよ。」
　「うん。でもよくすべらないね，ガラスにとまって。」
　「そりゃ，指先が吸いつくようになっているのよ，でなきゃ，木の上でなんかくらせないわ。」
　「でも，こんな二階の窓まで，よく登って来たね。どこで生まれたんだろう。」
　「うん，おばあちゃんがいつか，うちの庭には昔からアマガエルがたくさんいる，きっと，どこかに巣があるよ，っていってた。きっと庭のどこかで生まれたのよ。」
　「だってさ，カエルって，オタマジャクシから大きくなる

んだろう，庭には水たまりなんかないよ。」

「そういえばそうね。でも，こんなチビスケ，道路のむこうの池から来られるわけないわ。もしかしたら，アマガエルは，生まれた時からカエルかも知れないよ。」

「そうかもね，雨が何日も降らなくても，平気で木の上にいるのだから，水のない所で生まれるかも知れないね，よし，ぼくあした学校で調べてみる。」

　次の夜です。太一君がテレビを見終わって2階にあがって行くと，先に来ていたお姉さんが，待っていたようにいいました。

「太一，今夜も来てるわよ，チビちゃん。」

「あ，ほんとだ。こらチビ，おなかをよく見せろ。」
といいながら，太一君は机の引出しから，虫めがねを出して，アマガエルのおなかをガラスごしに見つめました。

「わあー，ほんとだ」

「なによ，なにかついてるの？　おへそじゃないでしょうね。おへそがあれば，赤ちゃんで生まれたことよ。」

　お姉さんも，虫めがねをとるようにしてのぞきました。

「あのね，アマガエルのおなかの皮は，他のカエルみたいに，すべすべではないのだって。小さいぶつぶつが見えるでしょ。あそこに小さい穴がたくさんあって，木の葉の露(つゆ)など少しの水も吸いとるようになってるんだって。」

「へえー，それでお天気がつづいても平気で木の上にいられるんだね。」

「うん。だけど，生まれるのは，やはり水の中だって。5月から6月にかけて，水の中に卵を生んで，オタマジャクシで大きくなるんだって。だから，こいつ，こんなチビスケでも，もうおとななんだよ。」

「そういえばそのわけね。カエルは両せい類だったわ。赤ちゃんで生まれるわけがなかったわ。でも，こんなチビさんを見ると，どうしても赤ちゃんカエルって思えるわ。」
といいながら，お姉さんはまた，鉛筆でトントンとガラスを

たたきました。すると，今夜はアマガエルはピョン，ととんで，窓わくのアルミにとまりました。こんどは，背中が見えます。

「こいつはみどり色だね，ひるまはきっと庭の木にいるんだよ。もし，ずっとこの窓にいるなら，背中は灰色に変わっているはずだから。」

「あら，同じアマガエルが，みどりになったり灰色になったりできるの？」

「うん，そうらしいよ，住んでいる所によって，色を変えれるんだって。」

「へえー，私，別の種類だとばかり思っていたわ。おばあちゃんもそういってたもの。」

「よし，ぼく，明日，かごを作って，こいつを捕えてかってみる。色が変わるか見てやれ。」

「いいわ，お姉ちゃん，力を捕えるのうまいから，エサ係やってあげる。」

「うん，だったら，ぼく少し大きい箱作るよ。中に水を入れたお皿でも入れて置いたら，卵を生むかも知れないよ。」

「バカねえ。まだこれ，オスかメスかもわからないし，1ぴきじゃだめよ。相手がいなくては。」

「あそうか。じゃ，探して，5，6ぴきかうとしよう。そうすれば，卵を生むにちがいない。」

「そうしたらこの夏中，この部屋の中でケロケロ鳴いてく

夏

れるわ。」

「あ,そういえばね,アマガエルが鳴くと雨が降るっての,かなりほんとだって,70パーセントくらい当たるんだって。」

「ほんと,では,その天気予報の研究もやってみようよ。」

「うん,ぼく明日小屋を作るよ。」

さて,太一君たちは,どんな研究ができるでしょうね。
君もやってみませんか。

(ポイント:カエルの発生)

9 大根の間引き
―適者生存を考える―

秋

　まなちゃんが学校へ行こうと家を出ると,となりのおばあさんが畑にいました。
　「おばあちゃん,おはよう。なにしてるの。」
　「おや,まなちゃん,おはよう。おばあちゃんは,大根のタネをまいているところだよ。」
　「ふーん。」
　まなちゃんは立ちどまって見ていました。
　「ねえ,おばあちゃん,大根のタネって,3つずつまくものなの？」
　「3つとは限らんけどな,3つぐらいがちょうどいい。3つそろって芽を出すと,雨で固まった土でも,持ちあげれるでな。」
　「ふーん。」
　まなちゃんは,そこで歩き出して学校へ行きました。

　次の日,雨が降りました。そのまた次の朝,まなちゃんが家を出ると,おばあさんが腰をかがめて畑を見ていました。
　「おばあちゃん,なに見てるの？」
　「ほら,まなちゃん,見てごらん。」

おばあさんが指さすところを見ると，雨で固まった土の，ところどころが，むっくりとわれて持ちあがっています。
「わ，芽がでるのね。」
　まなちゃんとおばあさんは，眼を見合わせてニッコリしました。
　その日の午後，まなちゃんが学校から帰って来ると，また，おばあさんが畑を見ていました。
「あ，おばあちゃん，今朝よりずっと大きくなったね。」
　まなちゃんはびっくりしました。今朝まだ持ちあがっていなかったところも，今はたくさん持ちあがって，畑一面に芽が出ています。
「ほら，まなちゃん，ここ。」
　そういわれて見ると，どうでしょう。土の中にあった小さな石ころが，ちょうどタネの上にのったらしく，生えた芽におしあげられて小さなきのこのようです。
「わあ，きのこみたい。」
「よくのぞいて見てごらん，３本の芽が力を合わせて石を持ちあげているから。」
「ウンショ，ウンショってがんばってるみたい。かわいそうだから，石，とってやろうよ。」
　まなちゃんが石をつまんでとると，１本の芽は，茶色いタネの皮をポロリと落としました。もう１本の芽は，ちぢめていた手をのばすように，うすみどりのあたまをひろげました。

「石がのっていたで，お日さまがあたらなんだで，色がうすいだに。」
「お日さまがあたると，みどりがこくなるの？」
「ああ。お日さまがあたらんと，なんでも，せばかりのびて弱々しい。まなちゃんはよく日にあたるで，ほっぺたの色がいい。オホホ。」

秋

まなちゃんは，毎日大根の芽の大きくなるのを見るのが楽しみになりました。ふたばの間からほんばが出て，それがどんどん大きくなりました。みどりのギザギザのある葉が，大根らしくなると，ふたばの方はうす黄色くなって小さくしぼんだようでした。
　１週間もたつと，土色だった畑は，一面みどりになりました。

　しばらくたったある日，学校から帰って畑に近づいたまなちゃんは，あっ！　といってかけよりました。
　おばあさんが10センチほどにのびた大根の葉を引きぬいているのです。
「おばあちゃん，なにするのよ！」
　まなちゃんは，しかるような大きな声でいいました。
「おや，まなちゃん，おかえり。なにするって，おばあちゃんは，ぬきなをしているだに。」

「ぬきな？　かわいそう。どうしてぬくの，せっかくはえたのに！」

　まなちゃんは，捨てられてしおれかけた大根の葉を１本拾っていいました。

「まなちゃん，なあ，こうして間引きしてやらんと，混み合ってみんな大きくなれんのだよ。」

「間引き？」

「そう，茂ったところをぬいて，残ったのが，じゃまものなしに大きくなれるようにしてやることを，間引きっていうんだよ。」

「ぬいたの，捨てちゃうの？」

「少しは持って帰って，おひたしにする。おいしいよ。まなちゃんも持っておいき。」

「……ねえおばあちゃん，こんないっぱいぬいて捨てちゃうなら，どうして始めから少ししかまかないの。かわいそうよ，はえてからぬくなんて。」

　まなちゃんの泣きそうな顔を見て，おばあさんは畑から出て来ました。

「あのなあ，まなちゃん。あんたはやさしい子だによって，ぬいた大根をかわいそうだと思う。だけどなあ，始めから少しだけまいたら，よくそろって生えん。だから，たくさんまいて，ぞっくりと生えさせ，こうして強いじょうぶなのを残していらんのをぬいてしまうと，太いりっぱな大根ができる

のだよ。」

「……」

「ほら,あそこにススキのほが見えるだろう。あのほにも,わた毛のついたタネがいっぱいできる。だけどそのタネのうち,いい地面に落ちて,芽を出すのはほんの少し。魚だって,何千何万と卵生んでも,大きく育つのはわずか。大根も,まいたタネの10分の1も大きくなればいいのだよ。そのままおいたら,混み合ってみんなだめになってしまう。だから間引きせにゃならんのだよ。」

「……」

まなちゃんは,だまってうなずくと,手に持っていたしおれた大根の葉を,ポトンと落として,家にはいって行きました。

(ポイント:発芽,生存競争)

秋

⑩ 台風の風むき
―北半球のうずまきは左まき―

　パリパリパリッと,東の窓に強い雨が吹きつけました。
　「お父さん,大じょうぶ？　南の縁の雨戸たてなくて。」
と,お母さんがまたいいました。
　「いい。南には吹きつけはせん。」
　「だって,去年の今ごろの台風の時は,雨戸をたてようと思った時は,もうすごい雨風で,びしょぬれになってたてたではありませんか。おとなりの家では,ポーチのビニールの屋根が吹きとばされたのよ。」
　「去年は去年,今度のは大じょうぶ。」
　平気でいるお父さんを見て,智也君もお母さんといっしょに心配になりました。そこで,お父さんに聞くことにしました。
　「お父さん,どうして今年の台風は,大じょうぶってわかるの？」
　「お前もさっきのテレビの予報を聞いただろ。今度の台風は,一番北のコースを通った場合でも,太平洋岸をかすめるくらいだ。去年のは,日本列島を縦断して,この辺では北側を通ったんだ。」
　お母さんがいいました。

「でも，今年の方が，強い台風だっていいましたよ。」

そんなお母さんにお構いなく，お父さんは智也君にいいました。

「智也，この大きい紙に，日本列島の地図をかいてごらん，大ざっぱでいい。」

そして自分は，ボール紙になにか描いて切りぬき始めました。智也君は，サインペンで地図をかきました。

「よし，いいか，よく見なさい。これが台風だとする。北半球では台風に吹きこむ風は，このように，左まきのうずになっている。気象衛星から見た，台風の写真でもわかるだろう。

だから，台風の中心は，風にむかって立つと，右手後方にあることになるだろ。」

「うん，そうだね。」

「さあいいか，お前のかいた地図の上の，家のあるあたりについて考えてごらん。このお父さんの切りぬいた台風が，今この辺にあるだろう。だから，風はやや北よりの東風だ。今東の窓に雨が吹きつけている。台風がだんだん近よる。どうだ。風はどちらになる。」

「えーと，北東の方でしょう。」

「そうだな，そしてこのあたりの真南の海を通る時，おそらく一番近づいた時だな，その時は，もっと北北東の風になるだろう。そして東の方へ進むと，だんだん西よりの風に

なって、ずっと東にぬけると西風になることだろう。」
「うん、そうだね。」
「つまり、今度の台風の風は、東風から始まってだんだん北にまわり、やがて西にまわって終わる、ということだ。」
「ああ、わかった。だから南側は大じょうぶというわけだね。」
「そうだ。では去年の台風の場合を、その地図の上にこのボール紙台風を進ませて考えてみよう。台風は四国に上陸し

て近畿にむかった。そのころの風は？」

「やっぱり東かなあ。」

「そう，台風の風は，まず東から始まると思ってよい。しかし，まわり方はちがう。この辺に来ると南東の風となり，台風が北を通るころは，風は南から西に少しまわる。このころが最もはげしい風だ。おとなりのポーチの屋根がとんだのもこのころ。そして去年の台風は，雨がわりに少なくて風台風だったので，海の波しぶきを吹きあげて塩風となって陸地をおそった。」

「それで野菜がだめになったり，停電になったりしたのね。」

と，お母さんものぞきこんでいます。

「そして台風が去ると，やはり西風となる。これでわかっただろう，台風が南側を通る時は，風は東から北をまわって西になる。台風が北を通る時は，東から南をまわって西風になる。」

「わかった。それでお父さんは，今度は南風は吹かないと思ったんだね。」

「うん，だから，北側に山のあるこのあたりでは，台風は北側を通る方がおそろしい。塩風が来る，高潮が来る。」

「でも，台風の風って，いつも左まきときまっているの？」

「うん，北半球ではな。反対に南半球では右まわりになる。鳴戸の渦潮の写真だって見てごらん，じゃまな岩でもない限

り，みんな左まきだから。」
「どうして？」
「これはな，地球の自転のためなのだ。くわしいことはお前が高校にでも行って習えばよい。コリオリの力といってな，北半球では運動するものは，左の方へ曲がる力が働くのだ。」
「あ，ぼくのつむじが左まきなのは，北半球で生まれたからなんだね。」
「アハハ，つむじは運動しているもんじゃない。」
そんな話をしているうちに，雨は北側の台所の窓に当たるようになりました。

(ポイント：台風と風むき，コリオリの力)

11 沈むものがあるから浮くものがある
—小石が沈んで，大船が浮くわけ—

秋

　日あたりのよい軒下で，おじいさんが大豆の枝をほしていました。そうた君が行くと，

　「おい，ちょうどよい所に来た，お前，この豆の上でかけ足をしておくれ。」
とおじいさんがいいました。

　「この上で？」

　「ああ，こんなふうにしてふむと，豆のからがわれて豆が出る。」

　おじいさんは豆の枝の上で足ぶみをして見せました。

　「よーし。」

　そうた君は，スニーカーのまま，むしろの上の豆の枝の上にとびあがりました。ガサッ，ガサッ，ガサッ！

　「わあ，おもしろいな。」

　そうた君がとびまわるにつれて，かさばっていた豆の枝が，だんだんぺちゃんこになりました。おじいさんは，端の方から，もう豆の落ちてしまった豆がらをふるっては横によけていきます。

　「おじいちゃん，もう疲れた。」

　「ご苦労さん，もういい，だいぶ落ちたようだ。」

おじいさんが枝をかかえてよけると、下には、枯れ葉や折れたくきの混じった豆が、たまっています。おじいさんは、そのごみ混じりの豆を、すくってふるいに入れました。そして、むしろの外に出ると、ガサガサと、ふるいをゆすりました。すると、ふるいの下には、ふるいの目を通った砂や小さいごみがバラバラと落ちます。

　そして、ふるいの中では、豆の上に、枯葉や折れたくきが集まりました。おじいさんは、その上に集まったごみを、つかんで捨てると、また、ガサガサとゆすります。

「おじいちゃん、ふるいって、砂や小さいごみを、わけるものだと思っていたけど、大きいごみもわけられるんだね。」

　そうた君は、ふしぎそうにいいました。

「ああ、重い小さいゴミは下に落ち、軽いゴミは浮いて来るのだ。」

「浮く？　水でなくても、浮くっていうの？」

「ほんといったら、水に浮くことだけを、浮くというのかも知れん。だがこうしてゆすっていると、軽いごみがだんだん豆の上に出て来る。だから浮くっていうわけさ。」

「どうしてだんだん上に出て来るの？」

「さあ、どうしてだか。豆の粒とごみが、下に沈みっこして、重い豆の方が勝って、軽いごみが、持ちあげられるのとちがうかな？」

「あ、そうか、浮くっていうのは、下に沈む物があるから

排水量

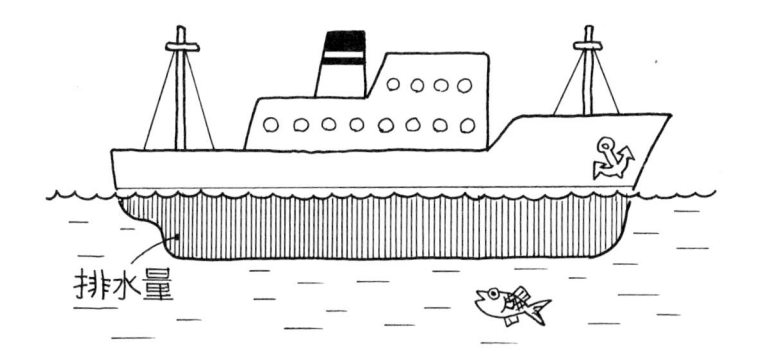

秋

その上に浮くわけか。」

　そうた君は、なんだか急に、よくわかったような気がしました。

　「そんなら、水の上に船が浮いているっていう時は、水が下に沈んで船を持ちあげているってことなんだね。」

　「うん、船を水に入れると、船が沈もうとして、水をおしのける。おしのけられた水は、おしのけられるものかと、舟の下にもぐりこむ。

　船の水をおしのける力は、船の重さだ。おしのけられるものかと、船の下にもぐりこむ水の力は、おしのけられた水の重さだ。

　だから船が浮いている時、水面の下にある船の大きさ、体

積っていう方が正解だな．その体積だけ，水をおしのけたのだから，そのおしのけられた水の重さと，舟の重さが，つり合っているというわけだ．

　船の大きさのことを，排水量何トンというだろう。排水量とは水をおしのける量，つまり船の重さのことさ。」

　「あ，そうか，それでわかった。ぼく，幼稚園の時から，小さい石が沈むのに，どうして大きい船が浮くのか，と思っていたけど，石は体積が小さいわりに重いので，排水量より体重の方が重いから沈むってことだね。」

　「そういうことだろうな。」

　そんな話をしている間にも，ふるいの中の豆はごみが少なくなってほとんど豆だけになりました。おじいさんは，こんどはその豆をふるいから，"み"に移しました。

　「いいか，そうた。軽いごみでも，小さくて豆の粒の間にはさまっているのは，ふるってもわけ切れない。そんな時は風の力を借りるのだ。」

　おじいさんはそういって，"み"を上下にふりました。中の豆は，ザッ，ザッと音を立てて"み"の中で上下におどります。

　するとどうでしょう。その豆の中から，小さいごみが，吹き出されて前の方にとんで行くのです。

　「あれえ？　おじいさんが吹いているの？」

　「いやいや，"み"をこうして上下にふるとな，"み"の後

ろはふさがっていて前があいているだろう。

　だから中の空気は，前の方だけに出て行く。まあ，"み"の前のへりが，うちわみたいに，風をあおぎ出すと思っていいな。」

「ふーん，どう，ぼくにもやらせて。」

「どうだな，できるかな。」

　おじいさんは，きれいになった豆をバケツにうつすと，ごみまじりの豆を"み"に入れて，そうた君にわたしました。

　ザッ，ザッ，そうた君がやると，ごみと一緒に豆もとび出します。

「わあ，やっぱりおじいちゃん，うまいなあ。」

「カメの甲より年の功といってな，アハハ。」

　秋の日だまりの中で，そうた君とおじいちゃんは楽しく豆集めをするのでした。

　　　　　　　　　　　　　　（ポイント：浮力，比重，排水量）

秋

12 点燈ハウス
―日の長さの変化で花の咲く植物―

　文化の日の連休に，おじいさんのいなかに行った，あおいちゃんは，夜になってびっくりしました。夏休みに来た時は，夜になると，まっ暗だった田んぼに，あかりがいっぱい見えたからです。20も30も，あかりがならんだ，まるで細長い，ともし火の丘のようなものが，4つも5つもならんで見えるのです。

「おじいちゃん，なにができたの，あそこ？」
　縁側のカーテンにつかまりながら，あおいちゃんは聞きました。

「ああ，あれか。ビニールハウスだよ，イチゴを作っている。」

「ビニールハウス？　どうして，あんなに電気がいっぱいついているの，まるで，あかりのいもむしみたい。」

「あかりのいもむしとは，うまいこといったな。」

　おじいちゃんも，そういいながら縁側に出て来て，あおいちゃんとならんで，ガラスごしにあかりをながめました。

「いつもは，まっ暗な所だがな。おじいちゃんの子どものころは，あのむこうの山のふもとに，時々キツネ火が見えたもんだ。あの明るさじゃ，キツネどころではないな。」

「ねえ，なぜ電気をつけとくの？　だれか仕事しているの？」

「いや，だれも人間はあの中にはいない。だが，あかりに仕事させてるのさ。」

「あかりに仕事させる？」

「うん。あのあかりで，イチゴに早く花を咲かせ，早く実をならせるのだ。」

「それ，どういうこと？」

「あのな，イチゴに限らず，植物には，自然にそなわった，花を咲かせ，実をならせる時期があるのだ。

今，コスモスや菊の花が咲いているだろう。これら秋に花の咲く植物は，夏至がすぎて，1日1日と日が短かくなると，花の咲く仲間だ。

日が短かくなると花が咲くので，短日植物という。

それから，ほら今，前の畑にはダイコンが大きくなっていただろう。ダイコンは冬の間は大きくなっても，そのまま畑においていいが，春のお彼岸をこすと，じきにトウが立つ。つまり花を咲かせるために，くきがずんずんのびて枝が出る。だから，その前にこいでしまわないと，食べられなくなる。畑で今，かなり大きくなっているソラマメやエンドウも，春になって日が長くなると，花が咲き実がなる。こういう仲間を，長日植物，というのだ。」

「ふーん，ダイコンなんて，いつでもあると思ってた。」

「うん，時なしダイコンとか，春ダイコンとか，別の季節むきに改良されたダイコンもある。それらは長日植物でなくなっているということだな。」

「そんなこと，できるの。」

「うん，人間はいろいろと改良する。もっとも植物にとっては，改悪かも知れんが。

さて，話をもどして，イチゴだ。イチゴは短日(たんじつ)植物だと思うか長日植物だと思うか？」

「わかんない。」

「あのようなハウスでなければ，いつイチゴの実はなるの

かね。」

「いつイチゴの実がなる？　春かなあ。」

「そう、自然の中ではイチゴは春から花が咲き、初夏のころ実が赤くなる。つまり長日植物の仲間なのだな。

その日が長くなって花の咲くイチゴを、人間はだまそう、というわけだ。」

「イチゴをだます？」

「そう、あのように、夜になっても電気をつけておくと、イチゴは、いつ太陽が沈(しず)んだかわからないだろう。つまり人工の光で、イチゴに日が長くなったように思わせるのだ。」

「思わせるって、イチゴは、ほんとうにそう思うの？」

「思う、という言葉はよくないな、イチゴには心はないのだから。生理的に光を感じるといったらよいのかな。とにかくあのように夜も明るくしておくと、イチゴは花を咲かせ、実をならせるのだ。

もちろん、あのイチゴを作っている人たちは、電燈をつける時間を調節したり、ハウスの中の温度を高めたり、その前に、イチゴに冬をこした、と思わせるように、苗(なえ)を寒い所に持って行ったり、苦心しているようだ。

そうして、クリスマスの時のケーキに使えるよう、イチゴを赤くしよう、というわけだ。」

「ほんとに、そんなにうまく赤くなるの？」

「なる。だからあの人たちは、お金をかけて、あのように

秋

電気をつけているのだ。」

「じゃあ、クリスマスケーキのイチゴは、ああして作ったものなのね。」

「そう。イチゴばかりではなくて、キュウリやトマトも年中あるだろう。このごろではスイカやミカン、竹の子までハウスの中で、早く作る。」

「どうして、そうするの？」

「季節はずれに売ると、高く売れるからさ。だけどな、まだセーターを着ているころ食べるスイカより、7月の暑い盛りに、畑でじゅくしたスイカを食べる方が、ずっとおいしいんだがな。みんな、季節はずれに、高くておいしくないものを食べさせられているのかも知らんよ。」

「ふーん。」

でも、あかりはきれいだな、とあおいちゃんは思いました。

（ポイント：短日植物、長日植物）

13 遺跡は，なぜ地中から掘り出される
―地層の積み重ね―

　健二君の小学校で，体育館を建てることになりました。そのため学校の横の畑を掘ったところ，1メートルほど下から，平安時代の建物の遺跡が発見されました。

　健二君のお父さんたちも，その遺跡の発掘の手伝いに行きました。帰って来たお父さんはいいました。

　「やあ，専門家という人は大変なものだ。しろうとでは，とてもあんなに根気よくはできん。なにしろ土をへらで1ミリ1ミリけずるようにして，掘って行くのだからなあ。」

　「それで，なにか出ましたの？」
と聞いたのは，お母さんです。

　「うむ，昔は地中に50センチくらいの深さの穴を掘って，そこに丸太を埋めて，柱にしたのだそうだ。その柱の穴が，たくさんならんであることがわかった。千年ほど昔のものだそうだ。」

　「ね，お父さん，どうして千年ほど昔のもの，とわかったの？」
と，健二君は聞きました。

　「お父さんにはよくわからないけど，専門の人には，出て来た土器の破片などから，わかるのだそうだ。」

「土器も出たの？」
「うん，すぐ下の層から，もう少し古い弥生時代後期のつぼなんかも出た。」
その時，お母さんがへんなことをいいました。
「新聞にも時々，どこそこで遺跡が発掘されたって，出るけど，遺跡ってどうして土の中にばかりあるのかしら。」
そういわれればそうだなと，健二君も思いました。するとお父さんが，
「地の上にあったら，こわれたり，持ちさられたりして，なくなってしまうではないか，だから今まで残っていて，新しく発見される遺跡は，埋もれていたものって，ことになるのさ。」

といいました。

　すると，今度は，弟の登君がへんなことをいいました。

「ねえ，だれが埋めたの，つぼなんか。かくすために埋めたの？」

「バッカだなあ，登。だれがわざわざ埋めたりするもんか，自然に埋まったんだよ，ねえ，お父さん。」

「そうだなあ，あれだけの広さを，1メートルも埋めるとしたら，トラックで何十台も，土を運ばなければならんからなあ。」

「では，トラック何十台もの土が，自然にそこにたまったっていうの？」

といったのは，またまたお母さんです。

　健二君は，また，そういわれればそうだなと，思いました。しかしお父さんは少し考えていいました。

「そうだ，それだけの土が，自然にあの上にかぶさったんだな。」

「どうして？」

　こんどは，健二君がお母さんの側になってききました。

「健二，いいか計算してごらん。1メートルの土が1000年間に積もったとすると，100年間ではいくらだ。」

「100年間？　10分の1だから10センチでしょ。」

「うん，では10年間では。」

「また10分の1で1センチ。」

秋

「では1年では？」

「あ，たったの1ミリだ。」

「そうだ，1年にたった1ミリたまれば1000年で1メートルになる。1ミリといえば，少し大雨なら，1度であの畑の上の山の方から流れて来るだろう。

つまり，1メートルをいっぺんに埋めようとすれば，トラック何十台もかかるけれど，1000年でよいとすれば，なんと1年に1回の大雨でよいことになる。」

「あれえ？　そうすると，あそこより高い山の方は1000年の間に1メートル低くなっていること？」

健二君がききました。

「うん，広さがわからないから，いちがいに1メートルとはわからないが，低くなっていることはたしかだろう。

まあ1000年では今とそんなにちがった地形ではないだろうが，それでも，山と平地のデコボコの差は今より大きかったことだろう。」

「では，低い所にたまっている土ほど，昔は山の高い所にあった土ということだね。」

「そういうことだ。だから，深くに埋まっている物ほど，古い時代のもの，ということになる。」

「では，うんと，うんと深い所まで掘ったら，地球の初めのころのものがあるってこと？」

「そうはいかん。というのは，何十万年，何百万年という

時間で見ると，地球の表面は高い所がけずられて低い所にたまった，という単純な動きではないからね。

　エベレスト山だって，水成岩でできているという。つまり大昔，海底にたまった土が固まってできた岩だ。

　それが今は海底にではなく地球上の一番高い所にある。このように地球の表面では地かくの変動があるのだ。」

　「では，エベレスト山のてっぺんに，大昔の遺跡があるかも知れないね。」

と，またまた登君がへんなことをいいました。

　「アハハ，登，人間が地球上に現われたのは百万年くらい前だから，もうエベレスト山はできていたよ。だから人間の遺跡がエベレストの上にあるはずはない。」

　「じゃあ，やっぱり遺跡は土の中にあるってことねえ。」

と，お母さんはひとりでうなずいています。

　　　　　　　　　　　　　（ポイント：地層，地かくの変動）

⑭ ジャムのびんのふたがあかない
―熱による膨張―

　朝の食事時です。翔(しょう)君のうちの朝食は毎日パンです。
　「翔, 新しいジャムを買って来たから, ふたあけてちょうだい。」
と, お母さんがトースターにパンを入れながらいいました。
　「よーし。」
　翔君は, ジャムのびんの包装のセロファンを破ると, 左手にびんを持ち, 右手でふたを持ってねじりました。
　「うーん, かたいな, ふたを左にまわせばいいはずだよね。うーん, うーん。」
　翔君が顔を赤くしながらがんばるのに, ふたは動きません。今度は, 持ちかえて, びんを右手に, ふたを左手に持ってやりましたが, やはりびくともしません。
　「そんなに固いの？　どう, かしてごらん。」
と, お母さんが見かねて手を出しました。お母さんも, 左のほっぺたをゆがませてがんばりましたが, やはりふたは動きません。
　「よし, ぼく, ペンチ持って来る。」
と翔君が立ちあがった時, おそく起きた高校生の兄さんが入って来ていいました。

「ペンチより頭を使いな。ペンチなんかでこじあけて，びんがわれて，ガラスのかけらが入ったらジャムが食えなくなるじゃないか。」

そういうと兄さんは，ジャムのびんを持ってさかさにし，トースターの上におきました。

「あ，なにするの？」

「いいから，見ていな。」

しばらくして，兄さんはびんのふたをちょっと手でさわって，

「よし，翔，さっきのようにひねってみな。」

といいました。

「あく？ さっきあんなにやったんだよ。」

といいながら，翔君は左手にびんを持ち，右手にふたを持ちました。ふたはあたたかくなっていました。

「あ，あいた！ どうして，どうしてあくようになったの？」

「ここ，ここ」

と，兄さんは頭を指さしました。そして，

「びんはガラスでできているだろう，そしてふたは金属だ。温度があがると，物はなんでも膨張(ぼうちょう)することは，知ってるだろ。その膨張の割合が，ガラスより金属の方が大きいんだ。だから，トースターの上にさかさにおいて，ふたの方を温めてやると，ふたの金属が膨張してゆるくなって，あきやすく

なるのさ。」

「ふーん。」

翔君が感心していると，ネクタイをしめながら入って来たお父さんがいいました。

「高校生は高校生だけのことはあるな。そのジャムはきっと，夏にびんにつめたのだよ。」

「え，どうして，どうしてそんなことわかるの？」

翔君はお父さんの顔を見ていいました。すると，横から兄さんがいいました。

「考えてみろよ，夏の温度が高くて，金属が膨張している時，ぎゅっとふたをしめただろう。今は冬で，温度が下がっている。金属もガラスも，夏よりちぢまっているが，ちぢまり方はガラスより金属の方が大きい。だからふたが，きつくしまったということさ。」

「あ，そうか。」

翔君はうなずきましたが，今度はお母さんがいいました。

「あら，おかしいわねえ。だって，カゼをひいて，のどがはれてふくらんだ時は，物をのむ時，さわって痛いわ，ふくらめばジャムのびんのふただって，中が小さくなって，よけいびんをしめつけてしまうわけではないかしら？」

翔君は，お母さんにそういわれると，そんな気もしました。ふたが膨張するということは，外側にも内側にもふくらむこととすると，中もせまくなりそうに思えます。

「そういえばそうかも知れないね。」
と翔君はいいました。するとお父さんは，

「アハハ，これはおもしろい。指輪のようなリングが，温度があがったら，その直径が大きくなるか小さくなるか，ということだな。」
といって，テーブルの上にミカンを12個丸くならべました。

「今ここにミカンをならべて作った輪がある。このミカンの1つ1つが，リンゴの大きさにふくらんだと考える。さあ，リンゴを12個ならべてごらん。」

翔君は，リンゴを12個ならべて輪の形にしてみました。

「さあ，どっちが大きな輪になった。」
「そりゃ，リンゴだよ。」
「そうだろう，つまりミカンがリンゴの大きさにふくらめば，輪の直径も大きくなるということだろうが。」
「うーん!?」
翔君はわかったようでもあれば，少しおかしいような気もします。
「とにかくね，ジャムのふたがとれたのだから，それでいいだろう。さ，みんなおあがり，紅茶がさめるよ。」
お母さんはもう，トースターの方に気をとられてしまっているようです。

(ポイント：熱による膨張)

15 落葉
―冬，葉の落ちる木と落ちない木―

　冬休みになったので，潤(じゅん)君はいなかのおじいさんの家に行きました。朝起きてみると，もう，おばあさんが庭をはいていました。

　「おばあちゃん，おはよう。」

　「おはよう，もっとねてるかと思ったよ。」

　「おばあちゃんちの庭には，木がたくさんあるね。」

　「だから今ごろは落葉が多くて，それでも，もう大部分落ちてしまったから，ひところよりはこれでも少ないのよ。」

　「あ，おばあちゃん，あの木，枯れたね。」

　潤君は，夏休みに来た時，こがね虫を見つけたカシワの木を見ていいました。夏にはみどりの大きい葉が，いっぱいついていたのに，今はその葉がみんな茶色になっています。

　「オホホ，あれはね，枯(か)れたんじゃないの。カシワの木はね，来年の春新しい芽を出すまで，こうして今年の葉がついているの。だから，おめでたい木というわけ。」

　「おめでたい？」

　「ええ，新しい次の代ができるまで，古い葉が落ちない。つまり，子どもが大きくなるまでは，親が死なない，という縁起(えんぎ)なのよ。

だからこのカシワの木は大事な木。おばあちゃんがお嫁に来た時から，ここにあって，これと同じくらい古かった。毎年枝を切るので，大きくはならないけど，もう生まれてから百年以上たっている古い木なんだよ。」

　「ふーん，でもさ，古くなって枯れた葉がいつまでもついているなんて，見た目が悪いね。」

　「そんなこと，おじいちゃんにいうんじゃないよ。」

　だが，そのおじいちゃんは，縁側に立って聞いていたのです。えへん，とせきばらいがして，

　「おい潤，枯れ葉に気がついたついでに，庭にある木をずっと見て来なさい。冬に木がどんな姿でいるか，比べながらな。」

　「はーい。」

　潤君は，首をちぢめて，おばあちゃんと目を合わせてニヤッとしました。そして，その気で見まわすと，おじいちゃんの庭には，ずいぶんたくさんの木のあることがわかりました。冬でも緑の葉のついているものもあれば，葉のひとつもない枯枝のような木もあります。

　"よし，分類してみよう。"

　潤君はボールペンと紙を持って庭をひとまわりしました。

　　　○冬でも緑の葉のついているもの
　　　　　松，つばき，ひのき，杉，さかき，しい，さつき，やつで

○葉が落ちてしまっているもの
　桜，柿，さるすべり，梅，ボケ，木れん，やなぎ，くり

それを持っておじいさんの所へ行きました。
「おっ，潤，お前，思ったよりよく木の名前を，知ってい

冬

るな。」

　実は、おばあちゃんに聞いたのもあったので、潤君は話をそらせました。

　「おじいちゃん、なぜ、葉の落ちる木と、落ちない木があるの？」

　「うん、それはわからん、ちょうど、人間が年をとって、しらがになる人と、はげる人とがあるのが、どうしてかわからんのと同じでな、ハハハ。ただ、いえることは、人間にとっての髪の毛より、木にとっての葉の方がよほど大切だ、ということだろうな。」

　「どうして？」

　「人間は髪の毛がなくても生きて行ける。しかし木は葉がなくては生きて行けん。お前も知っているだろうが、木の葉の中の緑の部分は、植物が空気中の二酸化炭素を吸収して木の栄養分とする大切な所だ。」

　「では、なぜその大切な葉を、冬になると落としてしまう木があるの？」

　「それはだ、寒い時は二酸化炭素をとらえる働きがにぶくなる。それで、古くなった工場を立て直すような意味で、冬になると古い葉を落としてしまう。

　冬に緑の色をしている葉のある木でもな、１度にではなく、徐々に古い葉を捨てて、新しい葉にしているのだ。」

　「じゃあ、熱帯地方なんかでは、葉の落ちる木はないの？」

「熱帯地方にも，乾期といって，雨の少ない季節と雨期とがある。その境に葉を落とす木があるらしいが，やはり寒さが，葉を落とす木のできた第１原因だろうな。

その証拠に，このへんの葉の落ちる木を熱帯へ持って植えると，葉の落ちない木や，枝によって落ちたり落ちなかったりする木に，なることがあるそうだ。

まあ，その木なりに冬をどうしてこすか。その方法をきめている，ということだろうな。」

「そうだね，きっと。」

「それからな，その木の葉を食べて生きている動物や虫がいるだろう。そういう動物や虫も，やはり冬をこす工夫をしている。

冬眠といって，冬は食べないで眠ってすごすもの，卵やさなぎで冬をこして，おとなはみんな死んでしまう虫の仲間。

それから，わたり鳥のように，食べ物のある地方へ移動するもの，それぞれの方法を身につけて生きているんだ。」

「そうか，そう考えると，木の葉が落ちるということは，ただ木の葉が落ちる，というだけではなくて，生き物全体が関係していることなんだね。」

潤君は，あらためて冬空に枝をのばしている桜の枝をながめました。

　　　　　　（ポイント：落葉樹，常緑樹，生物の越冬）

冬

16 化学マジック
―酸・アルカリの性質を利用する―

　クリスマスが近づきました。今年のお友だちグループのクリスマスパーティーは，優香さんの家でやることになりました。

　「ねえ，お兄さん，なんかいい余興知らない。」

と，優香さんは兄さんにサポートをたのみました。

　「そうだな，考えておくよ。」

と，兄さんはなにか自信ありそうです。次の日，

　「おい優香，来てごらん。」

と，兄さんが呼びました。優香さんが兄さんの部屋に入って行くと，机の上にコップがいくつかならべてありました。

　そして兄さんが始めました。

　「えー，取り出しましたるは２つのコップ。右手のコップには水がいっぱい，左手のコップにはなにも入っておりません，これこの通り（コップを逆さにしてみせる）。

　さて，ここで呪文をとなえる，オンアビラクシャクシャソワカ，ヒラケゴマ！　そして右のコップの水を左にうつす。ハイ，ご覧の通り水は赤いソーダ水となりました。

　エ？　赤いのはいやだ，元の無色にもどせ，うーん，少し困ったな，ではこちらのコップの水を移してみましょう。ソ

レソレ、ほーら、また色が消えました。

エ、ナニ？　ソーダ水はいらん、ミルクがほしい。よろしい。では、こちらの2つのコップの水を、呪文(じゅもん)をとなえて、オンタビラメチャクチャソワカ、ヒラケアズキ、とまぜると、はい、ミルクになりました。」

「わあおもしろい、それ教えて、私にもできる？」

「アハハ、気に入ったか、これは化学マジックで、ちゃんと理屈に合っていることだから、ついでによくその理屈もおぼえるといい。

まず最初のコップの水、これは炭酸ソーダか石灰水(せっかいすい)を入れておく。もうお前たちも、水溶液の性質、というところで習ったろう。リトマス試験紙を青くする水溶液は、アルカリ性、赤くする水溶液は酸性だよな。」

「うん、習った。」

「そのリトマス試験紙のように、酸とアルカリでちがった色を表わす薬品を、指示薬といって、その中に、フェノールフタレインというのがある。これは、酸性では無色、アルカリ性では赤なのだ。」

「あ、それを使ったのね。」

「そう。このフェノールフタレインの溶液をコップに少し入れ、コップをまわして内側につけて乾かす。すると、なんにも入っていない空コップに見える。」

「あ、わかった。それにアルカリ性の液を入れたわけね。」

「そう。これで，最初の手品のタネはわかっただろう。」

「うん，ではまた無色にするには，酸性の液を加えればいいわけでしょ。」

「そうだ，なかなか頭いいぞ。つまり第3のコップには，なんでもいいから酸を入れておく。台所にあるお酢をうすめたものでいいよ。

ただしね，用意する時考えておかねばならんのは，この酸がはじめのコップのアルカリを中和してさらに酸性にしなくてはならん。だから，はじめのアルカリの溶液は，ごくうすいものにしておく方がよい。

フェノールフタレインはとても敏感だから，かなりうすいアルカリでも十分色がつく。そして酸の方は，少しこくしておくことだ。」

「なーるほど。」

「では次にミルクだ。これは酸性かアルカリ性かによって白い色がつく指示薬ではない。混ぜると白い沈殿のできる2つの水溶液なのだ。いろいろな組み合せがあるが，手に入りやすいもので，石灰水と炭酸ソーダがよいだろう。

石灰水は，消石灰を水に混ぜて，上ずみ液をとればよい。炭酸ソーダは，洗たく用のものが，薬局などで手に入る。

両方とも無色の溶液だから，遠くからは水に見える。この二つを混ぜると，白い炭酸カルシウムという沈殿ができて，ミルクのように見える。というわけだ。」

うすい炭酸ソーダ水溶液（無色）

A

内側にフェノールフタレインがぬってある空コップ

B

赤い色の液になる

酢を2倍くらいにうすめた液（無色）

C

無色の液になる

冬

炭酸ソーダの水溶液（無色）

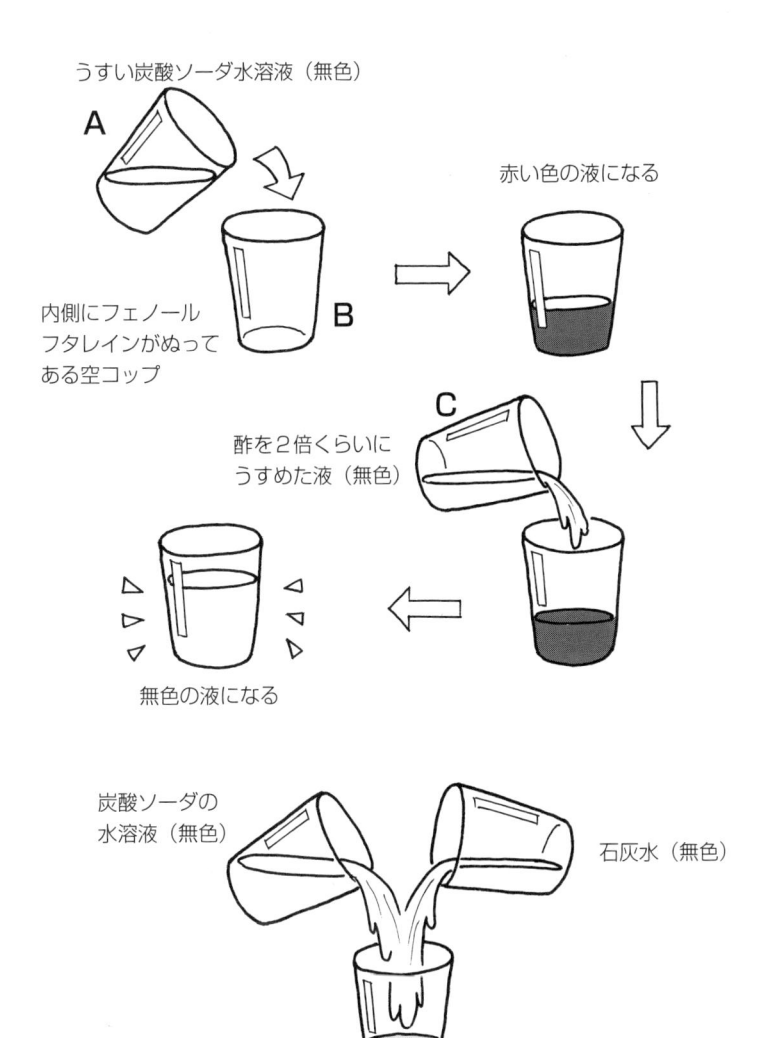

石灰水（無色）

白いミルクのような液

「なーるほど，だいたいわかった。もう１度いって，紙にかくから。」

「それはもう書いてある，ほら。」

「わあー，サンキュー。」

「ただしな，注意しておくぞ。これらは手品の時はコップに入れてただの水というけれど，本当は水ではない。

だから，うっかり飲んだり目にはいったりしたら大変だ。手にもつけない方がいい。

そしてよく練習をして，どのくらい加えたらよいか，コツをおぼえておくのだぞ。今から教えてやるから。」

「うん。」

「それから，すんだら，コップはよく洗っておくんだぞ。」

「うん。」

ということで，優香さんは兄さんから化学マジックの特訓をうけることになりました。

（ポイント：酸とアルカリ）

17 新しい星
― 星にも一生がある話 ―

　大みそか恒例(こうれい)の紅白歌合戦が終わりました。
　健(けん)君のお姉さんのまみ子さんがいいました。
　「すごいなあ，あの人，デビューして半年余りでもう紅白に出たのよ。去年の紅白歌合戦は家で聞きながら，自分も出てみたいなあって思ったんだって。自分でも夢みたいだっていってるのよ。」
　まるで自分のことのようにうっとりして話しています。
　「まさに新星だね，ニュースター誕生，現代のシンデレラか。」
　そういったのは，お父さんです。ところが，大学のお兄さんは，冷たくいいました。
　「健，そんな来年は消えてしまうかも知れないようないいかげんな新星ではなく，お前が一生見ていても，見あきない新しい星を教えてやろうか。」
　「いやーな兄さん，あの人1年や2年で，だめになるような人ではないんだから。」
　まみ子さんがにらみましたが，お兄さんはそれを無視して，
　「健，まもなく除夜(じょや)のかねがなる。お宮まいりに行こう。その途中(とちゅう)，新しい星を見せてやる。」

「お宮まいりの途中に？」

「健，だまされちゃだめ。兄さんの新星って，きっと空の星よ。星オタクなんだから。空の星なんて，ずっと昔からおなじよ，なにが新しい星よ。」

まみ子さんは，ぷりぷりしています。すると，お父さんがいいました。

「いやまみ子，星の中には，急に明るく輝いて見えるのがあるらしいよ。新星という言葉は，ほんとうは，そういう星から来たらしいよ。」

「さすが，お父さん。パアーッと輝いたかと思うと，数週間か数カ月で，スウーッと暗くなって，見えなくなってしまう。そういうのを新星っていいます。まみ子があこがれる歌の世界の新星もそんなもの，スウーッと消えちゃうんです。健，お前に教えようというのは，そんなつまらない新星ではない。新しい星，まさしく生まれて間もない星なんだ。さ，行こう。」

お兄さんはそういって，さっさと外に出ました。健君も後ろについて出ました。

「ああ，寒い。」

思わずいうほど，外は冷えていました。家を離れて，空のよく見える道に来ると，お兄さんは立ちどまって話し出しました。

「真上を見てごらん。あそこに，7つばかりの星が，集

まっているだろう。」

「どこ？……」

「ほら，あそこ。」

お兄さんが，健君の頭を持ってふりむけました。

「あ，あった。ほんと，ごちゃごちゃとかたまっているね，きれいだ。」

「あれが，冬の夜空の宝石，プレアデス星団というのだ。日本でも昔から，すばる星と呼んでいる。昔アラブの兵隊の視力検査に使ったという。お前，いくつ見える。」

「えーと，………7つ。」

「あの星たちが，生まれてまもない，新しい星なのだ。」

「まもないって，いつ生まれたの？」

「およそ6千万年前といわれている。」

「6千万年!?」

健君はびっくりしました。

「あはは，生まれてまもないというと，つい何カ月前くらいに思っただろう。それは人間の世界のこと。

星の世界の6千万年は，つい先ごろなのだ。何しろ地球の年齢が46億年，太陽の寿命がだいたい100億年というのだからな。

太陽を100年生きる人間にたとえると，1億年が1年だろう。すると6千万年は6，7カ月前，ということだ。

太陽を50歳の壮年とすると，プレアデスの星は，生後6，

冬

7カ月,やっとおすわりのできる赤ん坊だ。どうだ,若い星だろう。」

「ふーん,じゃあ,あのプレアデスが,星の中で一番若いの?」

「いやいや,もっと新しいのがある。今,生まれかけているのもある。

ほら,あの東の森の上の3つの星,あれはオリオン座という。あの3つの星の右下に,もう少し小さく,うすい3つの星が見えるだろ。そのまん中のが,少しぼやけて見える。

あれは実は1つの星ではなく,オリオン大星雲という,宇宙の中の雲みたいなものだ。あの宇宙の雲の中で,今も星が生まれかけているという。電波望遠鏡などで観察するとわかるのだ。」

「ふーん,いつ生まれるの? いつ見えるようになるの?」

「残念ながら,われわれの生きている間には見られない。というのは,星にとっては一時といえる短かい時間も,人間にとっては何十万年という長い時間だ。人間の一生は星にとってはまさに一瞬なのだよ。」

「ふーん。」

といいながら,健君はなんだか淋しくなりました。

「人間にも一生がある。星も一生がある。カゲロウのように,人間に比べればごく短かい一生の生物もあれば,もしかしたらこの宇宙には,星の一生も短かいと思うようなものも

オリオン大星雲

あって、生まれたり死んだりしているのかも知れない。

　どうだ健、歌手の新星より、あの星の新星を見ている方が、生きるということの不思議を感じるだろう。」

　「うん。」

　健君は、いつのまにか寒いのを忘れて、プレアデスの星を見つめていました。

　　　　　　　　　　　　　　　　　　（ポイント：星の一生）

著者紹介

米山正信

昭和14年浜松高工応用化学科卒。
商工省燃料研究所・東大輻射線化学研究所に勤務。
終戦後教師となり，静岡県の各高校に勤務。2002年逝去。
著書：『化学のドレミファ1～10』『物理のドレミファ1・3～6』『理科の自由研究ヒント集』『教師のための実例による精神分析入門』『子どもに聞かれてもだいじょうぶ！理科の質問118』『先生をこまらせる理科の質問96』『子どもと一緒に楽しむ科学者たちのエピソード20』『子どもと一緒に考える理科のふしぎ話35』『子どもと一緒に考える理科のとっておきの話36』他，多数。

おもしろすぎる理科5分間話

2013年2月1日　初版発行

著　者　米　山　正　信
発行者　武　馬　久仁裕
印　刷　株式会社　太洋社
製　本　株式会社　太洋社

発　行　所　　株式会社　黎　明　書　房

〒460-0002　名古屋市中区丸の内3-6-27EBSビル
☎052-962-3045　FAX052-951-9065　振替・00880-1-59001
〒101-0047　東京連絡所・千代田区内神田1-4-9
　　　　　　　松苗ビル4F　☎03-3268-3470

落丁本・乱丁本はお取替します。　ISBN978-4-654-00326-6
©N. Kanno, 2013, Printed in Japan

A5・207頁　1800円

化学のドレミファ①　反応式がわかるまで

米山正信著　キャラメルは固体か液体か？　ナメクジに塩をかけるとなぜしぼむ？　酸素の中でものを燃やす実験など，化学の基本をドルトン先生との楽しい対話を通してわかりやすく解説。

A5・208頁　1800円

化学のドレミファ④　化学反応はどうしておこるか

米山正信著　ガス爆発事故を話の糸口にして，化学反応の仕組みを。分子，原子，触媒，エネルギーなどの話を通してわかりやすく解説。活性化エネルギー／反応速度と触媒／爆発という現象について／平衡ということ／他。

A5・219頁　1800円

化学のドレミファ⑤　有機化学がわかるまで

米山正信著　有害なダイオキシンも，体内のDNAもみんな有機化合物。身の回りに存在する膨大な有機化合物を紹介しながら，有機化学を対話形式で解説。身近なものから意外なものまで，楽しく学べます。

教師のための携帯ブックス⑤　　　　　　　　　　　　　　B6・93頁　1200円

42の出題パターンで楽しむ痛快理科クイズ660

土作彰・中村健一著　授業を盛り上げ，子どもたちを，あっという間に授業に引き込む，教科書内容を押さえた660問の理科クイズと，クイズの愉快な出し方を言葉かけの具体例付きで42種紹介。

A5・164～168頁　各1700円

子どもに出して喜ばれる理科クイズ&パズル&ゲーム〈全3巻〉

相場博明・馬場勝良・高梨賢英他著　低学年・中学年・高学年　楽しみながら，自然への興味・関心が深まり，科学する心が身につく，慶應義塾幼稚舎の著者が考案した，クイズ&パズル&ゲームを満載。

A5・152頁　1700円

ダイナミック理科実験に挑む　科学する心を子どもたちに

宝多卓男著　大阪府の公立高等学校物理教諭の著者が，平成7年度科学技術体験活動アイデアコンテストにおいて科学技術庁長官賞を受賞した「ファラデーのかご」他，子どもたちを魅了する10の実験を紹介。

表示価格は本体価格です。別途消費税がかかります。
■ホームページでは，新刊案内など，小社刊行物の詳細な情報を提供しております。「総合目録」もダウンロードできます。http://www.reimei-shobo.com/

A5・126頁　1500円

知っているときっと役に立つ食べ物クイズ110

石田泰照監修　朝倉貞子著　身近な食べ物の文化や歴史，知っておきたい栄養の知識や，料理の腕が上がるおいしい作り方など，食べ物に関する色々な話題が110問の3択クイズに。知っているようで知らない食べ物の話満載。

A5・128頁　1500円

知っているときっと役に立つ生き物クイズ114

町田槌男著　メスからオスに変わる魚ってなに？　インゲンマメのつるを逆巻きにするとなにが変わる？　など，生き物の生態が手軽に学べ，子どもも大人も理科好きにする3択クイズ114問。

B5・120頁　2600円

スクール・ガーデニング&フィーディング〈学校の栽培・飼育活動〉

町田槌男編著　鉢植え・メダカの世話からビオトープまで　学校で生きものの栽培・飼育を行う際の計画・管理の実際的なことがらを，教師だけでなく，子どもにもわかるように写真・イラスト入りで紹介。

B5・80頁　2200円

子どもと楽しむ自然観察ガイド&スキル
虫・鳥・花と子どもをつなぐナチュラリスト入門

芸術教育研究所企画　藤本和典著　子どもの自然に対する好奇心を伸ばし，身の回りの小さな命が発するメッセージを読み取る知識・技術を紹介。

A5上製・396頁　5800円

学校理科薬品の利用と管理

渡辺義一著　薬品の安全管理の方法，簡単で実用的な薬品の整理法，120種の中学校常備薬品を含め，約300種の薬品の性質，用途，製法などを解説した学校必備書。クラブ活動での実験書としても最適。

教師のための携帯ブックス⑩　　　　　　　　　B6・96頁　1300円

めっちゃ楽しく学べる算数のネタ73

中村健一編著　子どもたちがなかなか授業に乗ってこない時，ダレてきた時，授業が5分早く終わった時に使える，子どもが喜ぶ算数のネタを，低学年・中学年・高学年・全学年に分け紹介。楽しいネタがいっぱい。

表示価格は本体価格です。別途消費税がかかります。